I0773850
Aprende a dibujar personajes adorables con un estilo de moda.
INGOMY PRESS

ESTE LIBRO PERTENECE A

Aprende a dibujar personajes adorables con un estilo de moda.

Práctico

Práctico

Práctico

Práctico

Práctico

Práctico

Práctico

Práctico

Práctico

Práctico

Práctico

Práctico

Práctico

Práctico

Práctico

Práctico

Práctico

Práctico

Práctico

Práctico

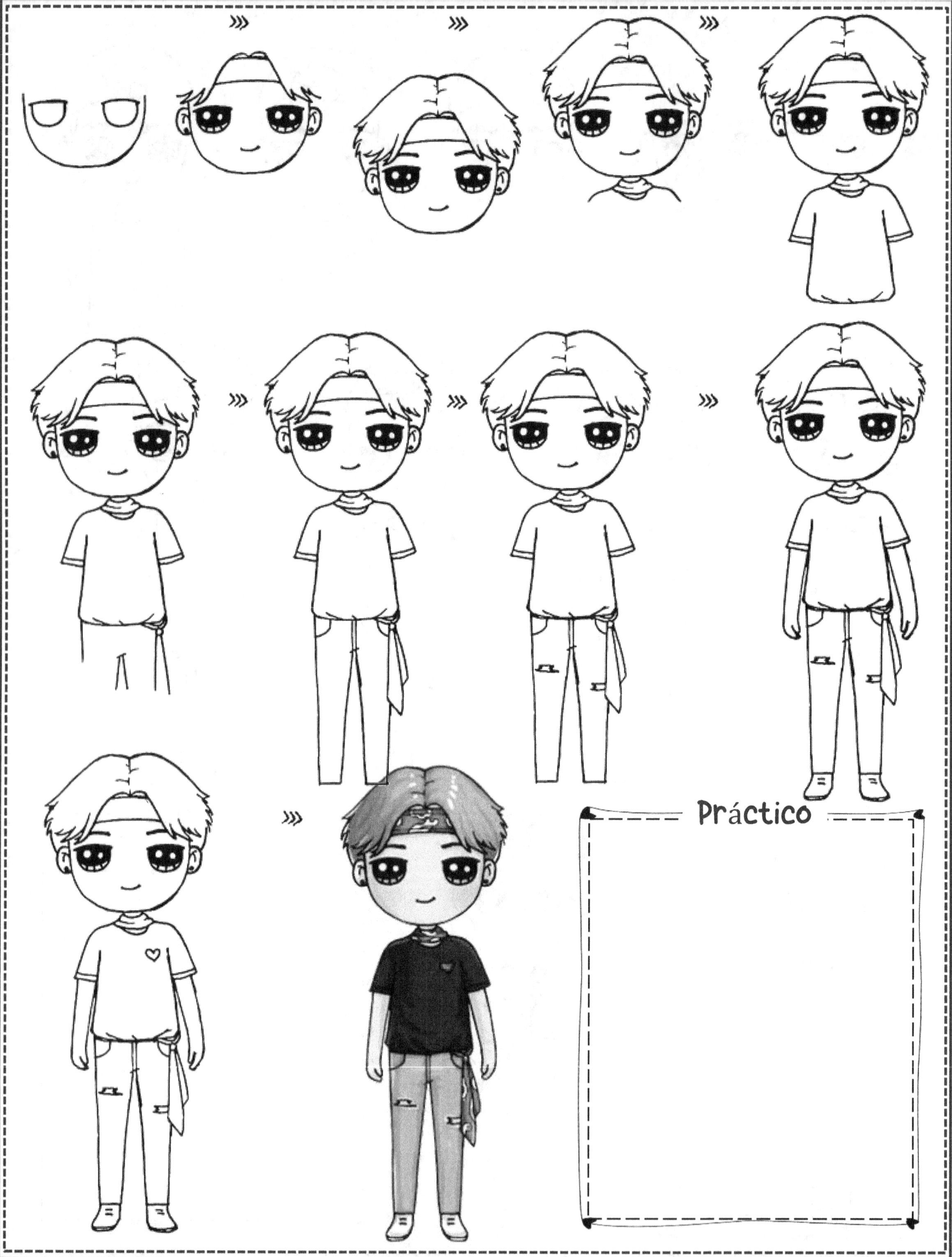
Práctico

Práctico

Práctico

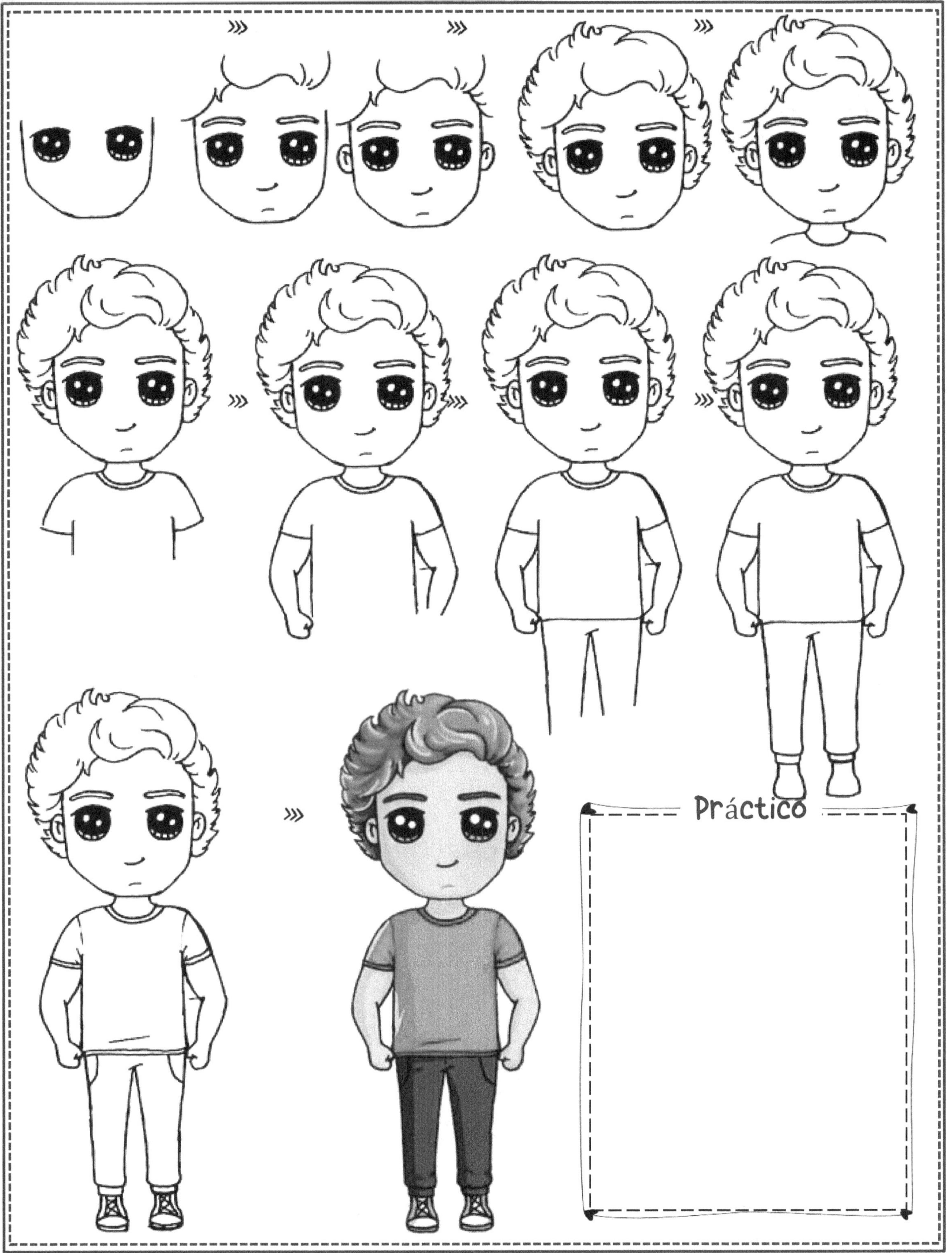
Práctico

Práctica

Práctico

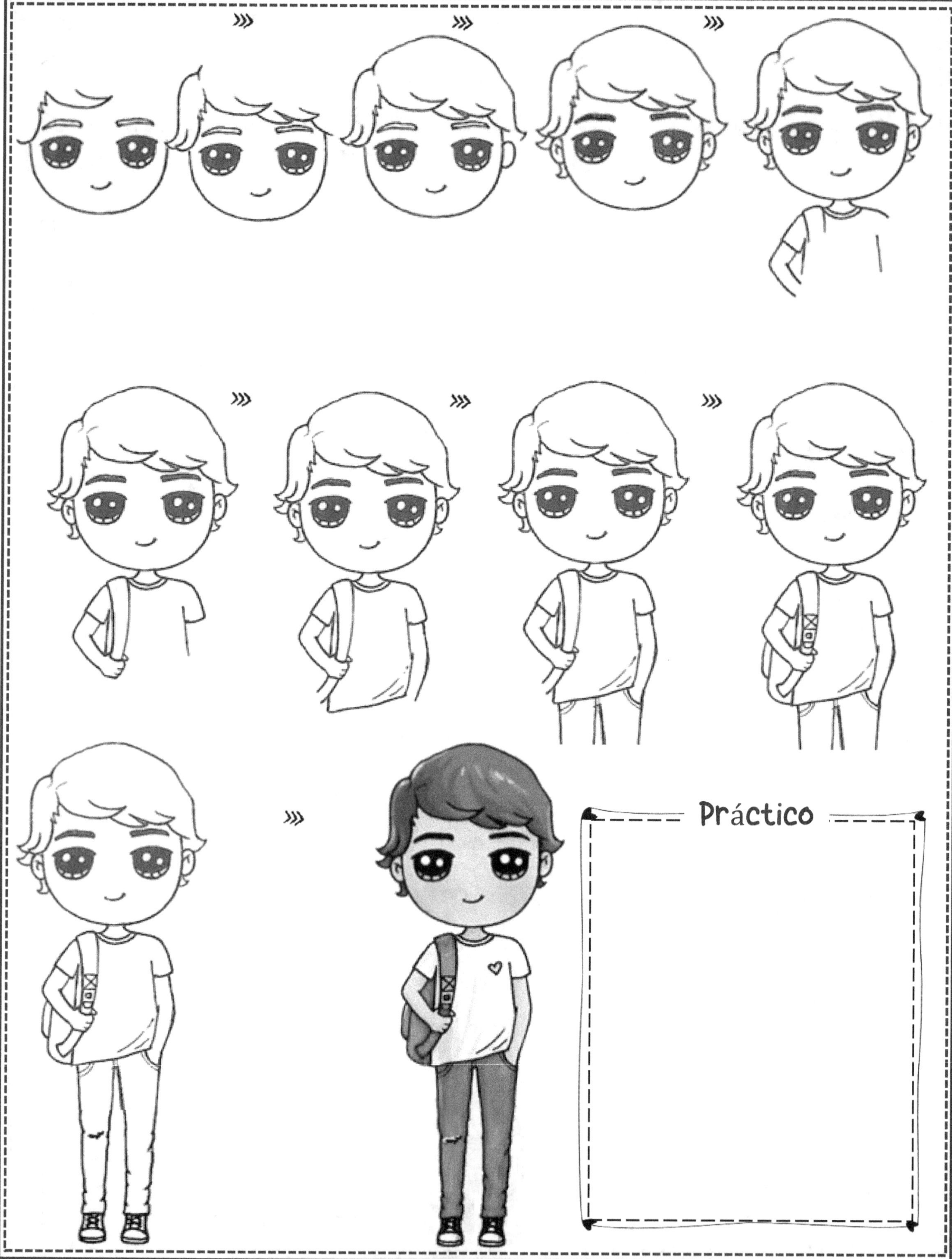
Práctico

Práctico

Práctico

Práctico

Práctico

Práctico

Práctico

Práctico

Práctico

Práctico

Práctico

Práctico

Práctico

Práctico

Práctico

Práctico

Práctico

Práctico

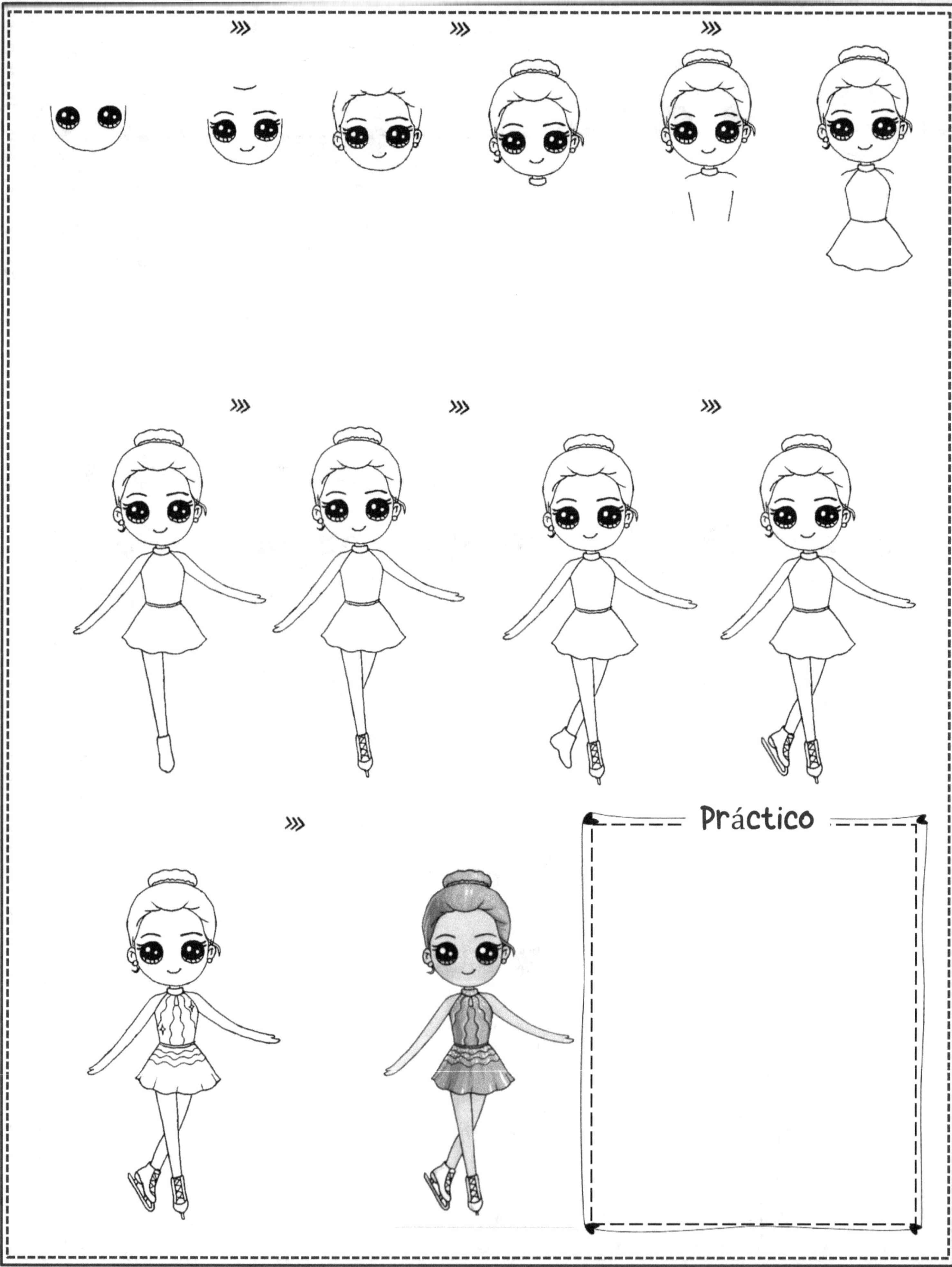

Práctico

Práctico

Práctico

Práctico

Práctico

Práctico

Práctica

Práctico

Práctico

Práctico

Práctico

Práctico

Práctico

2+2
2+2
Práctico

Práctico

Práctico

Práctico

Práctico

Práctico

Práctico

Práctico

Práctico

Práctico

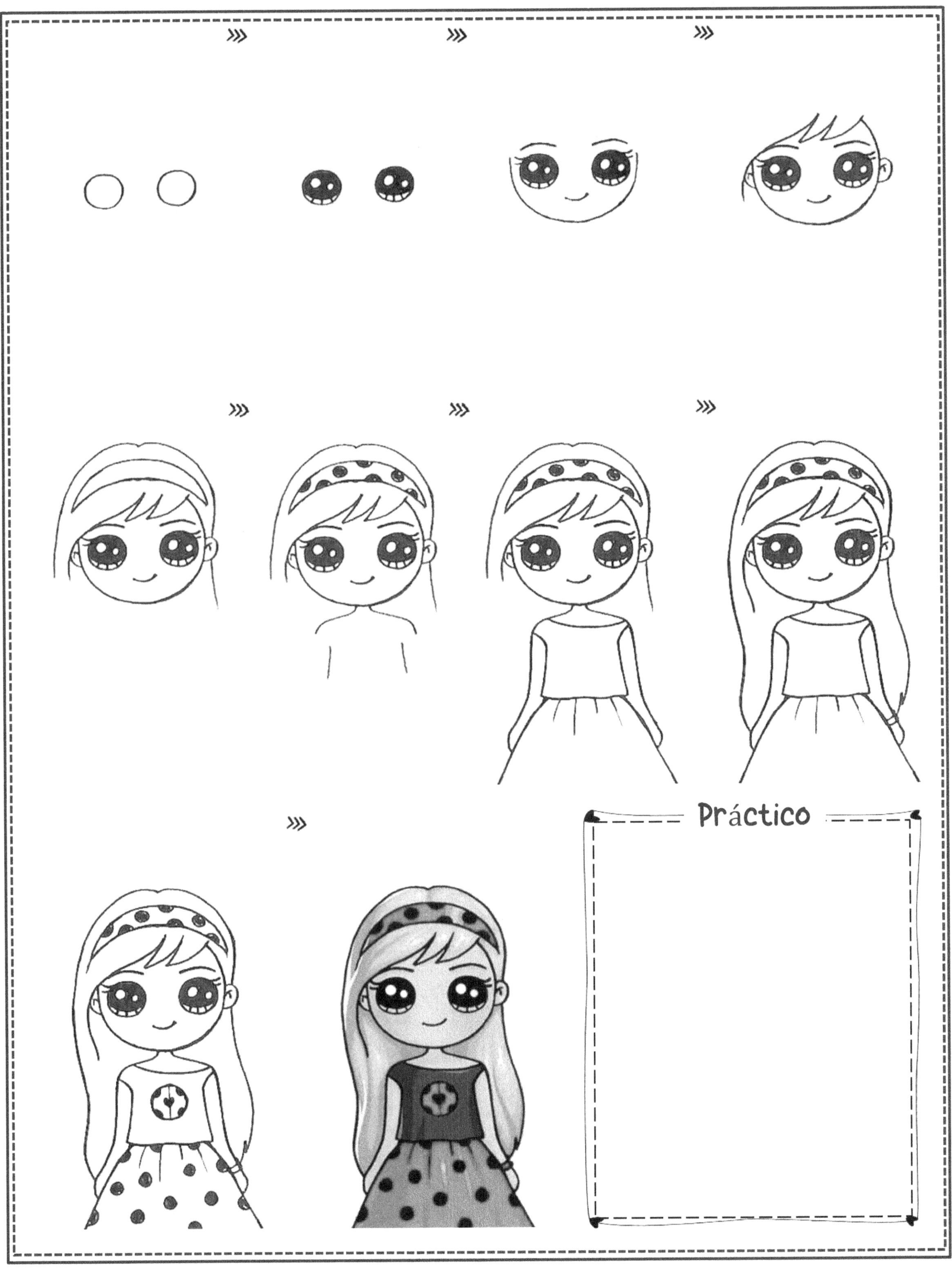
Práctico

Práctico

Práctico
BLACKPINK

Práctico

Práctico

Práctico

Práctico

Práctico

Práctico

Práctico

Práctico

Práctico

Práctico

Práctico

Práctico

Práctico

Práctico

Práctico

Práctico

Práctico

Práctico

Práctico

Práctico

Práctico

Práctico

Práctico

Práctico

Práctico

Práctico

Práctico

Práctico

Práctico

Práctico

¡Gracias por disfrutar dibujando!¡Gracias por embarcarte en este viaje creativo con nosotros! Tu entusiasmo por el arte es inspirador. ¡Tu apoyo es muy importante para nosotros!